STUDENT ACTIVITIES MA
ANSWER KEY

Enfoques

Curso intermedio de lengua española

Blanco • García

VISTA
HIGHER LEARNING

Boston, Massachusetts

Printed in the United States of America.

ISBN 1-59334-155-5

1 2 3 4 5 6 7 8 9 B 07 06 05 04 03

Contenido

ANSWERS TO **WORKBOOK** ACTIVITIES

ANSWERS TO **LABORATORY** ACTIVITIES

CONTEXTOS

1 1. antipático 2. insegura 3. nervioso
4. huraño 5. tacaño 6. tímido

2 1. "... no parece muy tranquilo". 2. "... no es
muy simpática". 3. "... no eres muy segura".
4. "... no parecen muy humildes". 5. "... no es
muy inteligente". 6. "... no es muy
permisivo".

3 1. a 2. c 3. b 4. c

4 1. Lo pasé fatal. 2. amor no correspondido.
3. tiene ganas de 4. se contenta con 5. se
pone pesado 6. hacerle caso. 7. tiene celos

ESTRUCTURA

1.1 Nouns, articles, and adjectives

1 1. Una 2. una 3. el 4. Ø 5. el 6. el 7. Ø
8. la 9. el 10. Ø 11. la 12. Ø 13. el 14. Ø
15. el 16. una 17. el 18. la 19. la

2 1. raro 2. mucha 3. malas 4. buenos
5. casado 6. buena 7. falsa 8. verdaderos
9. sinceros 10. deprimido 11. difícil

3 Answers will vary.

4 1. b 2. a 3. a 4. b 5. b 6. a 7. b 8. b

5 1. buen 2. ningún 3. buen 4. grande
5. tercer 6. mal 7. gran 8. bueno

1.2 Present tense of regular and irregular verbs

1 1. me levanto 2. me doy 3. me peino; me
pongo 4. tomo; como 5. llevo 6. salgo;
coqueteo 7. conduzco 8. almuerzo 9. voy
10. compro 11. doy 12. me acuesto; leo;
miro

2 Answers will vary.

3 Answers will vary. Possible answers:
1. ¿Cenas conmigo? 2. ¿Quieres tomar café?
3. ¿Adónde vas? 4. ¿Te acompaño? 05. ¿Sales
conmigo esta noche? 6. ¿Me invitas?
7. ¿Adónde van? 8. ¿Tienes tiempo el martes?

4 1. son 2. sé; sabes; sabe 3. reconocen;
reconozco; reconocemos 4. tienes; tienen;
tiene 5. sigues; sigo; seguimos

1.3 Stem-changing verbs

1 1. pido; pides; pedimos 2. almuerzas;
almuerza; almuerzo; almorzamos 3. prefiere;
prefieres; prefiero 4. duermo; duermen;
duerme; duermes 5. pierde; pierdo; pierdes;
pierdo 6. entiendo; entiende; entienden

2 Answers will vary.

3 Micaela: 1. gusta 2. estudio 3. Trabajo
4. Suelo 5. Prefiero 6. Quiero Daniel:
7. Construyo 8. divierto 9. Confieso 10. río
11. siento Augusto: 12. Empiezo 13. siento
14. acuesto 15. sugiero

4 Answers will vary.

1.4 Ser and estar

1 1. Está; Es 2. está; está 3. son; es; está
4. está; Es 5. son; están 6. Es; está 7. es; Es
8. Son; está; está

2 1. b 2. a 3. b 4. a 5. a 6. b 7. b 8. b

3 1. estás; soy; estoy; somos; Es 2. estoy; Es;
soy; soy 3. estoy; es; Es; Es; es; estoy; Soy;
estoy; es; Son 4. soy; soy; soy; estoy

4 Answers will vary.

LECTURA

Answers will vary.

COMPOSICIÓN

Answers will vary.

CONTEXTOS

1 Answers will vary.

2 Answers will vary.

3 1. sala de cine 2. película 3. director
4. funciones 5. conjunto musical 6. cantante

4 Answers will vary.

5 Answers will vary.

ESTRUCTURA

2.1 Progressive forms

1 1. buscando 2. descansando 3. trabajando
4. poniendo 5. haciendo 6. durmiendo
7. siendo 8. soportando 9. tocando
10. leyendo 11. perdiendo 12. comiendo

2 Answers will vary.

3 1. estás mirando 2. estás pensando 3. estás
leyendo 4. estás bebiendo/tomando 5. estás
escribiendo 6. te estás riendo

4 1. estoy 2. Estaba 3. Estás 4. andaba
5. Sigues 6. andan 7. vienes 8. está 9. vas
10. andas 11. estoy 12. sigues

2.2 Object pronouns

1 1. el partido 2. el Santiago 3. dos fanáticos
4. dos fanáticos 5. Corea 6. el capitán
7. el capitán 8. Alberto Jiménez y Eduardo
Camacho 9. ser ganadores este fin de semana

2 1. Antes de empezar, salúdenlo. 2. No pueden
golpearlos. / No los pueden golpear.
3. No pueden decirlas. / No las pueden decir.
4. No pueden hacerlos. / No los pueden hacer.
5. Deben gritarlos. / Los deben gritar.
6. Deben obedecerlo. / Lo deben obedecer.
7. No pueden gritarle. / No le pueden gritar.
8. Deben disfrutarlo. / Lo deben disfrutar.
9. Deben respetarlos. / Los deben respetar.

3 1. Álvarez se lo marcó. 2. Córdoba se la sacó.
3. Gómez nos lo dio hoy. 4. Miguel Mirabal
se la está buscando. 5. López se la dio a
Miguel Mirabal.

4 1. Te 2. lo 3. mí 4. le 5. me 6. Me
7. me 8. Me 9. mí 10. nos

2.3 Reflexive verbs

1 1. acuerdan 2. se acuerdan 3. se va 4. va
5. se llevan 6. llevan 7. pone 8. se pone
9. muda 10. se muda 11. reúne 12. se reúne

2 1. me quito 2. me pongo 3. me acuesto
4. me levanto 5. me doy 6. relajarme 7. me
seco 8. me peino 9. me visto / me maquillo
10. vestirme / maquillarme

3 1. Se lavaron 2. Nos lavamos 3. Se peinaron
4. Nos peinamos 5. Se cepillaron 6. Nos
cepillamos 7. te pusiste 8. Me puse
9. te quitaste 10. Me quité

4 1. de 2. de 3. de; a 4. de; en 5. de 6. de; de
7. de 8. de; a 9. de; de 10. de; en

2.4 Gustar and similar verbs

1 1. ¿Les gustan los edificios? 2. ¿Les aburre la
ciudad? 3. ¿Les cae bien la gente? 4. ¿Les
preocupa la seguridad? 5. ¿Les disgusta el
tránsito? 6. ¿Les faltan lugares de
entretenimientos? 7. ¿Les molesta el tiempo?

2 1. nos molesta; 7 2. nos preocupa; 4 3. Nos
disgusta; 5 4. nos gusta; 1 5. nos aburre; 2
6. Nos cae; 3 7. nos falta; 6

3 1. me gustan 2. me dolerá / me va a doler /
me duele 3. Me aburrí 4. Me cayó mal
5. Me molestan

4 Answers will vary. Possible answers:
1. A María le aburren los partidos de fútbol.
2. A Juan le duele la muela. 3. A Felipito le
encantan los dibujos animados. 4. A don Paco
le molestan las reuniones de su esposa.
5. A Marina le queda grande el suéter nuevo.
6. A Camila le fascinan las películas
románticas. 7. A Tomás y Micaela les
disgusta el pescado. 8. A Martín le gusta leer
el periódico. 9. A don Paco y doña Paquita les
faltan temas de conversación.

5 Answers will vary.

LECTURA

1 Possible answers: 1. Es Víctor Fernán. 2. Es actor. 3. Escribió el guión y actuó en la película *Jujuy*. 4. Answers will vary.

3 1. C 2. F 3. C 4. F 5. F 6. F 7. C 8. F

4 Answers will vary.

5 Answers will vary.

COMPOSICIÓN

Answers will vary.

CONTEXTOS

1 3; 4; 11; 9; 12; 8; 10; 5; 2; 6; 1; 7
Sentences will vary.

2 Answers will vary.

3 1. Mariana paga los impuestos. 2. Mariana barre la escalera. 3. Mariana lleva a sus hijos a la escuela. 4. Mariana va al supermercado. 5. Mariana hace las camas. 6. Julio arregla los electrodomésticos. 7. Julio cocina. 8. Julio pasa la aspiradora. 9. Julio ayuda a sus hijos con las tareas de la escuela. 10. Julio hace las compras.

4 Answers will vary.

ESTRUCTURA

3.1 The preterite tense

1 1. Visitó a amigos. 2. Llevó postales al buzón. 3. Puso en orden la habitación de su hija. 4. Gozó de la soledad de su hogar. 5. Durmió la siesta. 6. Escuchó música antigua. 7. Vendió unos viejos sillones. 8. Fue al campo. 9. Condujo su moto durante horas.

2 1. durmieron 2. pudiste 3. hiciste 4. pusiste 5. buscaste 6. tuvieron

3 1. ir 2. ser 3. ser 4. ir 5. ser

4 Historia 1: 9; 5; 1 Historia 2: 6; 2; 8 Historia 3: 7; 3; 4

5 Historia 1: Ayer, durante la mañana, Brenda tuvo mucho trabajo. Tradujo siete páginas de una novela. Cuando terminó, se cortó la luz.
Historia 2: Brenda fue al centro comercial con su hija de cinco años para comprarle un par de zapatos. Quiso tomar un helado. Ella se sentó en una mesa y Brenda fue a comprarlo. Cuando regresó, Camila no estaba. ¡Se perdió!
Historia 3: Brenda regresó de la oficina a las cinco de la tarde. Era un día muy lindo, por eso prefirió caminar. En el camino, un ladrón le quitó la cartera. Corrió detrás de él por tres cuadras, pero no pudo alcanzarlo. Dos policías la vieron y corrieron detrás de él.

Final sentences will vary.

3.2 The imperfect tense

1 1. caminaba 2. saludaban 3. Había 4. quería 5. eran; estaba 6. veía; entendía 7. eran 8. sentía

2 Answers will vary.

3 Answers will vary.

4 1. vivía 2. era 3. tenía 4. tenía 5. despertaba 6. hacía 7. íbamos / iba / iban 8. volvíamos / volvía / volvían 9. hacía 10. podía 11. importaba 12. estaba 13. éramos 14. queríamos

5 Answers for verb forms: 1. enseñaba 2. preguntaba 3. jugaba 4. cantaba 5. bailaba 6. leían 7. miraban

6 Answers will vary.

3.3 The preterite and the imperfect

1 1. abría; abrí 2. despertaba; despertó 3. traía; trajo 4. decía; dijo 5. leía; leyó 6. encendía; encendí 7. barría; barrió 8. colgaba; colgué

2 Answers will vary.

3 1. se levantó 2. Quería 3. llegó 4. se encontró 5. pasaba 6. quitaba 7. limpiaba 8. servía 9. hacía 10. se ocupaba 11. se sorprendieron 12. vieron 13. enviaron 14. estaba

4 1. No lavé los platos porque no encontraba / encontré el detergente. 2. No pedí turno para el médico porque el teléfono estaba descompuesto. 3. No llevé a Felipito a la escuela porque el niño estaba jugando. 4. No saqué la basura porque el ascensor no funcionaba. 5. No barrí porque no encontraba la escoba.

5 Possible answers: 1. Antes 2. primero 3. Después 4. Luego 5. Mientras 6. Entonces

3.4 Adverbs

1 1. básicamente 2. felizmente 3. fácilmente 4. inteligentemente 5. honestamente 6. comúnmente 7. asombrosamente 8. inmediatamente 9. silenciosamente 10. insistentemente 11. enormemente 12. alegremente

2 1. cuidadosamente 2. tranquilamente
3. rápidamente 4. hábilmente
5. frecuentemente 6. lentamente
7. cordialmente 8. tristemente

3 Answers will vary. The following should not
be used: a propósito; de costumbre

4 Answers will vary.

LECTURA

Answers will vary.

COMPOSICIÓN

Answers will vary.

Lección 4

CONTEXTS

1
1. ¿Me dejas ver la foto de tu pasaporte? (4)
2. Tengo dos pasajes reservados para Madrid. (2) 3. ¡No te quites el cinturón de seguridad! (5) 4. Lo siento señor. El vuelo está completo. (1) 5. El vuelo con destino a Londres está retrasado. (6) 6. Llegamos tarde porque hubo un accidente de tránsito. (3)

2 Possible answers: 1. ¿Cuánto tiempo vas a quedarte en la casa de los tíos? 2. ¿Cuándo te marchas para Madrid? 3. ¿Dónde te vas a alojar en Madrid? 4. ¿Vas a visitar algunos museos? 5. ¿Cuándo vas a regresar? 6. ¿Nos vas a extrañar?

3 1. la despedida 2. el mesero 3. el horario 4. el aviso 5. el piloto 6. el choque 7. el buceo

4 Answers will vary.

ESTRUCTURA

4.1 Past participles and the present and past perfect tenses

1 1. retrasado 2. congestionado 3. agregado 4. cancelados 5. cerrados

2 1. cerrado 2. dicho 3. reservado 4. confirmado 5. estado 6. vendidos 7. prohibido

3 1. ha salido 2. He visto 3. He oído 4. han muerto 5. se había roto 6. se había quedado 7. habíamos tenido

4 1. han preguntado 2. habían llamado 3. había estado 4. he vuelto 5. había conocido 6. He comido 7. han dicho 8. he hecho

4.2 Por and para

1 1. d 2. b 3. e 4. a 5. c

2 1. por teléfono 2. por sólo 60 pesos 3. por la casa de los tíos 4. por toda la ciudad 5. por mí

3 Answers will vary.

4 1. por 2. Para 3. Para 4. Para 5. Para 6. Por 7. Por 8. Para 9. Para

5 1. Por aquí 2. por allí 3. Por más que 4. Por primera vez 5. Para colmo 6. Por supuesto 7. por si acaso 8. Para que sepas 9. Por eso 10. No estamos para bromas

4.3 Comparatives and superlatives

1 1. Pedro 2. Miguel 3. Martín 4. Juan 5. Antonio

2 1. 45 años 2. Miguel 3. Pedro; Martín 4. Pedro 5. Miguel 6. Todos los demás. 7. Pedro 8. Miguel 9. Porque Miguel es más gordo que Martín.

3 Answers will vary.

4 1. tan 2. menos 3. tantas 4. menos 5. tan 6. menos 7. menos 8. más 9. más 10. tan 11. más

4.4 Present subjunctive

1 1. viajes 2. hables 3. des 4. hablemos 5. enojes 6. sepas 7. enoje 8. pongas 9. llamemos

2 1. hagas 2. vengas 3. enojes 4. leas 5. entiendas 6. sea 7. conozcas 8. sepas 9. pienses

3 1. cueste 2. sea 3. tratan 4. ofrezca 5. tienen 6. esté 7. trae 8. resuelvan

4 Answers will vary. 1. present subjunctive 2. present indicative 3. present subjunctive 4. present subjunctive 5. present indicative 6. present subjunctive 7. present indicative

5 Answers will vary.

LECTURA

Answers will vary.

COMPOSICIÓN

Answers will vary.

CONTEXTOS

1 Answers will vary.

2 1. e 2. d 3. g 4. f 5. a 6. b 7. c

3 1. empeorar 2. estar sano 3. la vacuna
4. la salud 5. el régimen 6. el yeso

4 1. enfermedades 2. medicamentos 3. síntomas
4. tratamiento 5. especialistas

ESTRUCTURA

5.1 The subjunctive in noun clauses

1 1. examine 2. esté 3. sea 4. dé 5. inviten
6. dé 7. pidan 8. venga 9. hable 10. mire
11. se quede 12. diga

2 Answers will vary.

3 1. apoye la pierna; se rompa el yeso 2. mejore
su salud 3. cambie la venda; se inflame la
herida 4. tomes este jarabe; se cure la tos
5. se quede en casa; se contagien otras
personas 6. vacune a su hijo; se enferme más
7. le duela la cabeza

4 1. deseo 2. examine 3. atiende 4. puede
5. digo 6. quiero 7. atienda 8. digo 9. viene
10. exijo 11. diga 12. quiero 13. viene
14. viene 15. venga 16. es 17. sean 18. llame

5.2 The subjunctive in adjective clauses

1 1. d 2. b 3. c 4. a 5. g 6. f 7. i 8. h 9. e

2 1. caiga 2. haga 3. calmen 4. pueda 5. sea
6. haga 7. venda 8. sepa

3 1. a 2. b 3. b 4. a 5. b

4 1. a 2. a 3. Ø 4. a 5. Ø 6. Ø 7. a 8. a

5.3 The subjunctive in adverbial clauses

1 1. desees 2. te sientas 3. puedas 4. llames
5. tomes 6. vuelvas 7. duermas; mejores
8. hagas

2 1. quieras 2. te cuides; empeores 3. dejes
4. te portas 5. te vistas 6. llegue
7. desmayaste 8. dejes 9. doy

3 Answers will vary.

4 Answers will vary.

5 Answers will vary.

6 Answers will vary.

5.4 Commands

1 1. Comience un régimen. 2. No se pese todos
los días. 3. No vaya al supermercado con
hambre. 4. Tenga siempre frutas en el
refrigerador. 5. Cuide la temperatura de la
casa. 6. Descanse. 7. Prepárese una sopa de
pollo. 8. Beba té con miel. 9. Duerma una
siesta 10. Vaya de paseo. 11. Haga ejercicio
físico. 12. Trabaje menos horas diarias.

2 1. No fumen. 2. Cómprense aspirinas.
3. Hagan dieta. 4. Mejoren su autoestima.
5. Descansen. 6. Cambien su humor.
7. Adelgacen. 8. Vengan la semana próxima.

3 1. Toma té con limón y miel. 2. Abrígate bien.
3. No uses ropa incómoda. 4. Lava la herida
con agua y jabón. 5. Pon azúcar sobre la
herida. 6. Ponte una venda tapando bien la
herida. 7. No te toques la herida. 8. No te
preocupes. 9. Olvídate de las angustias.
10. Supera el mal humor. 11. Bebe una taza
de leche caliente. 12. No bebas café.

4 Answers will vary.

LECTURA

Answers will vary.

COMPOSICIÓN

Answers will vary.

CONTEXTOS

1 1. león 2. orilla 3. serpiente venenosa 4. nido
5. cola 6. pico de la montaña 7. búfalo

2 Answers will vary.

3 1. águila 2. cabra 3. mono macho 4. búfalo
5. mona hembra 6. león 7. serpiente
venenosa

4 Answers will vary.

5 Answers will vary.

ESTRUCTURA

6.1 The future tense

1 1. irá 2. dirán 3. escuchará 4. hará
5. querrán 6. comerá 7. tendrá 8. sabrán

2 1. Presente 2. Pasado 3. Futuro: Vendrán mis
padres para conocerte. 4. Futuro: En nuestra
boda habrá una banda que toque toda la
noche. 5. Pasado 6. Futuro: Nunca dejaré de
quererte. 7. Futuro: Juntos seremos muy
felices.

3 1. pudo; tendrá 2. serán; Saben 3. curó; tendrá
4. pudieron; atacarán 5. sabe; enseñará
6. volvió; nacerán 7. caerán; está 8. trataron;
pasarán

4 Answers will vary.

6.2 The conditional

1 1. saldría 2. cabría 3. pondríamos 4. harían
5. usarías 6. serían 7. podría 8. valdría

2 1. se extinguirían 2. habría 3. se encontrarían
4. podría 5. querría 6. haría

3 1. ¿Mañana vendrías a la oficina a las ocho,
por favor? 2. ¿Pondrías las cosas en su lugar,
por favor? 3. ¿Saldrías a comprarme una
botella de agua mineral, por favor? 4. ¿Me
dirías los resultados, por favor? 5. ¿Llegarías
temprano la semana próxima, por favor?
6. ¿Apagarías la computadora, por favor?

4 Answers will vary for second part of each
sentence. 1. Suponía que las monas hembras
se ayudarían para cuidar las crías, sin
embargo ... 2. Pensaba que las orillas del mar

serían playas poco profundas, pero ... 3. Creía
que habría muchas plantas comestibles,
pero ... 4. Me parecía que los pájaros usarían
su pico para darles de comer a sus pichones,
por el contrario, ... 5. Estaba seguro de que
los cerdos y los chanchos serían animales
distintos, sin embargo ...

5 Answers will vary.

6.3 The past subjunctive

1 1. quisiera 2. Quisiera 3. Quisiéramos
4. quisieran 5. Quisiéramos 6. Quisiera

2 1. c; creyera 2. b; supieran 3. i; fueras
4. g; mirara 5. h; hablara 6. e; hubiera
7. a; fuera 8. d; pudieran

3 1. gustara 2. preocupara 3. defendiera
4. supiera 5. tuviera 6. hiciera 7. quisiera
8. disfrutara 9. sintiera

4 1. Aguayo nos dijo que no malgastáramos la
luz. 2. Aguayo nos aconsejó que
contribuyéramos con los pobres. 3. Aguayo
nos insistió en que le diéramos de comer al
gato. 4. Aguayo nos pidió que no hiciéramos
desaparecer el café. 5. Aguayo nos exigió que
contribuyéramos con don Miguel. 6. Aguayo
nos recomendó que renováramos nuestras
ideas. 7. Aguayo nos rogó que atrapáramos la
rata de su oficina. 8. Aguayo nos prohibió
que promoviéramos manifestaciones.
9. Aguayo nos deseó que no tuviéramos
problemas.

6.4 Si clauses with simple tenses

1 1. llegas / llegarás / vas a llegar 2. eliges
3. levantes 4. Tardas / Tardarás / Vas a tardar
5. sigues 6. puedes / podrás / vas a poder
7. Lleva 8. vas 9. Puedes 10. tienes
11. tienes 12. verás / vas a ver

2 Answers will vary.

3 1. Si una especie animal corría peligro de
extinción, nadie protestaba y solamente
algunos lloraban. 2. Si te mordía una
serpiente venenosa, no había medicamentos
para curarte. 3. Si había truenos y
relámpagos, la gente pensaba que los dioses

estaban enojados / la gente creía que era un castigo divino. 4. Si un volcán hacía erupción, la gente pensaba que los dioses estaban enojados / la gente creía que era un castigo divino. 5. Si había un bosque en un camino, la gente iba por otro camino porque pensaba que el bosque estaba embrujado. 6. Si una persona atravesaba un bosque, la gente lo veía como si fuera un superhéroe. 7. Si alguien pasaba por un bosque y no era un superhéroe, entonces era un tonto.

4 Answers will vary.

5 Answers will vary.

LECTURA

Answers will vary.

COMPOSICIÓN

Answers will vary.

CONTEXTOS

1 1. b 2. d 3. a 4. g 5. h 6. e 7. f 8. c

2 Answers will vary.

3 1. sindicato 2. huelga 3. presión 4. dinero
5. dueño de la empresa 6. currículum
7. empleo 8. sueldo/sueldo mínimo
9. sueldo/sueldo mínimo 10. ganancias
11. sueldos 12. préstamo 13. intereses
14. inversores extranjeros 15. proyecto
empresarial

4 1. Señor Pardo, me dijo su secretaria que usted
quiere hablar conmigo. 2. Así es, señor
Ferrari. Pase y tome asiento, por favor.
3. ¿Quiere hablarme sobre el proyecto que le
presenté a la compañía? 4. Quiero felicitarlo
por ese proyecto, señor Ferrari. Fue aprobado
por los ejecutivos de la empresa. 5. ¡Ésa es
una excelente noticia! ¿Les gustó a todos los
ejecutivos? 6. A todos, menos al señor Pérez.
Pero el señor Fernández cree que el proyecto
será un éxito. Quiere que comience a trabajar
mañana. ¿Está de acuerdo?
7. ¡Absolutamente! 8. Me alegro porque
también ha sido ascendido. El señor Fernández
quiere que usted mismo dirija el proyecto.
9. ¡Ésa es otra excelente noticia, señor Pardo!
10. ¡Felicitaciones!

ESTRUCTURA

7.1 The neuter article lo

1 Possible answers: 1. fácil; molesta
2. distinguido; bien cuidado; exótico; salvajes
3. rápido; poco 4. mal 5. tarde 6. barata

2 1. Lo que me gusta es cocinar platos nuevos.
2. Lo que me agrada es conseguir aumentos de
sueldo para los empleados. 3. Lo que odio es
no saber qué decirles a los periodistas. 4. Lo
que detesto es perder el rumbo. 5. Lo que me
importa es curar a las personas. 6. Lo que me
fascina es tener muchos clientes.

3 1. lo; lo 2. Lo que 3. lo 4. lo que 5. lo 6. lo
que 7. lo que; lo

4 Answers will vary.

7.2 Possessive adjectives and pronouns

1 1. Mi; su 2. Nuestros 3. nuestro 4. Nuestra
5. Tu 6. Su

2 1. ¿Son suyos estos contratos? Sí, son nuestros.
2. ¿Son nuestras estas deudas? No, son mías.
3. ¿Es tuya esta compañía? No, es nuestra.
4. ¿Es suya esta fábrica? Sí, es suya.
5. ¿Es suyo este currículum? No, es de él.
6. ¿Es suya esta carta de presentación? No, es
mía.

3 1. su; el nuestro 2. mi; la tuya 3. mi; la suya
4. sus; los míos 5. mi; la tuya 6. mi; el tuyo
7. sus; los nuestros

4 1. Mi 2. La mía 3. mis 4. mi 5. Mis
6. las suyas 7. mi 8. Lo mío 9. Mi 10. tuya
11. mía 12. mío 13. mis 14. Nuestros
15. nuestros

7.3 Relative pronouns

1 1. a 2. g 3. d 4. f 5. e 6. h 7. b 8. c

2 1. que 2. quien 3. en el que 4. cuyos
5. con quien 6. para el cual 7. de quien
8. por la que

3 Possible answers: 1. Yo no tenía experiencia
en ese trabajo que me interesaba mucho.
2. Era un comercio de ropa para hombres, la
cual era muy buena. 3. Yo no tenía que
vender la ropa, sino que tenía que cobrar las
ventas, las cuales / que eran pocas. 4. A los
dos meses el dueño me dio el aumento de
sueldo que yo le había pedido. 5. Un día, el
dueño del comercio me dijo que tenía
problemas, que no podía resolver, con la
cuenta corriente. 6. También me dijo que los
impuestos del comercio en el que yo trabajaba
eran muy altos.

4 Answers will vary.

7.4 Transitional expressions

1 1. Primero trabajé como cocinera en un lugar
de comidas rápidas. 2. Al principio me
gustaba ese trabajo, pero luego me di cuenta
de que trabajaba muchas horas y mi sueldo era

muy bajo. 3. Entonces busqué otro empleo.
4. Pude entrar a trabajar en un comercio
importante. Yo estaba a cargo de la caja.
5. Mientras trabajaba en el comercio, estudié
español. 6. Finalmente me despidieron. Yo era
demasiado lenta. 7. Ayer me llamaron para
trabajar en un nuevo restaurante. 8. Hoy fui a
la entrevista. 9. Ojalá me elijan. Necesito
trabajo.

2 1. por esta razón / debido a eso / por eso
2. Además 3. al contrario 4. Por un lado
5. por otra parte 6. Sin embargo 7. Mientras
que 8. Por esta razón / Debido a eso / Por eso
9. Además 10. Por esta razón / Debido a eso /
Por eso 11. Sin embargo

3 Possible order: 1. llegué a Rosario 2. traduje
mi currículum vitae al español 3. busqué
trabajo por dos meses 4. el currículum tenía
problemas de redacción 5. no sé hablar bien
español 6. estuve tomando clases de español
7. estudié la situación financiera de algunas
empresas 8. envié cartas a siete empresas
9. tuve dos entrevistas 10. el empresario me
dijo que me iba a llamar 11. no me pidieron
que trabajara en ninguna empresa 12. no
encontré ningún trabajo 13. me quiero quedar
en Rosario 14. ya gasté casi todos mis ahorros
15. creo que debo volver a mi país

4 Answers will vary.

5 Answers will vary.

LECTURA

Answers will vary.

COMPOSICIÓN

Answers will vary.

CONTEXTOS

1 1. alcaldesa 2. diputadas 3. pronuncia; discursos 4. senador 5. ministra; discriminación 6. inscribirse; cargo; renunció 7. embajadora

2 Answers will vary.

3 Answers to first part: 1. diputada 2. discriminación 3. Dios 4. ejército 5. ministro 6. juicio 7. votar 8. no votar

4 1. democracia 2. partidos políticos 3. derechos humanos 4. igualdad; minorías 5. libertad 6. quejas 7. injusto

5 Answers will vary.

ESTRUCTURA

8.1 The passive voice

1 1. b 2. c 3. d 4. a 5. f 6. e

2 1. elegido 2. querido 3. realizados 4. defendidas 5. considerada 6. dominadas 7. premiada 8. arrestado 9. respetada 10. puesto 11. aceptado

3 Answers will vary.

4 La ley anticorrupción será presentada por nosotros.

Reuniones semanales serán hechas por los ministros para discutir los problemas de gobierno.

Los mensajes de los ciudadanos serán recibidos por todos los integrantes del partido.

Información sobre los jueces será dada por el Ministerio de Justicia.

Todos los presos políticos serán dejados en libertad.

5 Answers will vary.

8.2 Constructions with se

1 1. tiene 2. vota 3. respetan 4. prohíbe 5. pueden

2 1. d; n 2. g; k 3. b; i 4. e; j 5. a; l 6. c; h 7. f; m

3 1. Se prohíbe fumar. 2. Se realizarán elecciones el próximo 30 de noviembre. 3. Se perdió el discurso que escribió Emilio. 4. Se comunicó el candidato del Partido de la Justicia el pasado viernes. 5. Se habla con respeto. 6. Se hacen dos juicios a los abogados del ex-presidente. 7. Se debe rechazar el proyecto de ley del Partido de la Justicia. 8. Se violan los derechos humanos en la provincia de Santa Fe.

4 Answers will vary.

8.3 Past participles as adjectives

1 Possible answers: 1. las leyes aprobadas, indeseadas, revisadas 2. los senadores despedidos, confundidos, elegidos, temidos 3. el discurso aprobado, revisado, prohibido 4. la dictadura indeseada, criticada, temida 5. los candidatos elegidos, votados 6. las embajadas criticadas, organizadas 7. el proyecto de ley aprobado, revisado, votado 8. la campaña organizada, criticada 9. el país gobernado, temido, organizado

2 1. preparada 2. informada 3. preocupada 4. asustada 5. enojada 6. sorprendida 7. confundido

3 1. ¿Por qué crees que estás preparado para ser presidente del centro de estudiantes? 2. ¿Estás informado sobre las necesidades de la escuela y de los estudiantes? 3. ¿Estás preocupado por los otros candidatos? 4. ¿Estás asustado? 5. ¿Por qué estás enojado con el presidente actual del centro de estudiantes? 6. ¿Estás sorprendido de que Marina acepte ser candidata a presidenta? 7. ¿Crees que Marina esté confundida con esta situación?

4 1. está despeinada 2. está cansado 3. está mareado 4. está callado 5. está relajada 6. está divertido

5 1. ¿Por qué estás sorprendida / asombrada? 2. ¿Por qué estás enojado? 3. ¿Por qué estás deprimido? 4. ¿Por qué estás aliviado? 5. ¿Por qué estás sorprendida / asombrada? 6. ¿Por qué estás escondido?

8.4 Pero, sino, sino que, no sólo. . . sino, tampoco

1 1. sino que 2. sino que 3. sino 4. sino
5. sino que 6. sino

2 1. No sólo 2. No sólo 3. Ø 4. Ø 5. No sólo
6. No sólo 7. No sólo 8. Ø

3 1. sino 2. pero 3. no sólo 4. sino que
5. Pero 6. tampoco 7. pero 8. tampoco
9. Pero 10. sino que 11. sino

4 Answers will vary.

LECTURA

Answers will vary.

COMPOSICIÓN

Answers will vary.

CONTEXTOS

1 A 1. noticiero 2. emisora 3. cortometraje
4. publicidad 5. estrenar 6. diario
7. redactor 8. estrella 9. escena 10. cine
11. guión 12. censurar Gray boxes spell out:
Comunicación.

B Answers will vary

2 1. la transmisión 2. la redacción 3. el
redactor 4. el reportaje 5. imprimir 6. el
índice de audiencia 7. el oyente 8. doblar

3 1. actriz/estrella; escena; filmarla 2. oyente;
programa; radio 3. actriz/estrella; telenovela;
público; chismes

4 1. e 2. c 3. d

ESTRUCTURA

9.1 Infinitives

1 1. g 2. a 3. c 4. d 5. e 6. b 7. f 8. h

2 1. saber 2. grabar 3. dan 4. tengo 5. es
6. ser 7. tengo 8. ayudarla 9. ayudo 10. doy
11. tener 12. molesta 13. tomar
14. conversar 15. encontrar 16. llamo

3 Possible answers: 1. Yo no te obligo a llegar
temprano, sino que te pido hacerlo. 2. Yo no
te prohíbo mover tanto la boca al hablar, sino
que te aconsejo no hacerlo. 3. Yo no te
mando evitar los gestos exagerados con la cara
y las manos, sino que te aconsejo no hacerlo.
4. Yo no te exijo dejar las escenas de riesgo a
la doble, sino que te aconsejo hacerlo. 5. Yo
no te prohíbo actuar como si estuvieras en el
teatro, sino que te aconsejo no hacerlo. 6. Yo
no te ordeno hacer ejercicios de relajación
antes del ensayo, sino que te aconsejo hacerlos.

4 Possible answers: 1. Al llegar a mi camerino,
el reportero me preguntó si yo tenía un
romance con el director. 2. Lo miré con odio
sin considerar las consecuencias. 3. Sin
importarle mi enojo, dijo: "Entonces
es verdad. Usted tiene un romance con el
director". 4. Al querer protestar, dijo:
"Muchas gracias por su tiempo, Amelia".

5. Ahora lo sé: trata mal a un reportero para ser
noticia.

9.2 Present perfect subjunctive

1 1. hayan censurado 2. haya estado 3. ha sido
4. haya sido 5. has formado 6. haya opuesto
7. haya considerado 8. ha manejado

2 1. hayan sabido 2. haya sentido 3. se hayan
enojado 4. se hayan puesto 5. haya llegado
6. hayan firmado 7. haya habido 8. haya
evaluado 9. hayamos sido

3 1. No dudo que la película ha exagerado los
hechos. 2. No pienso que yo haya leído sólo
una parte de la historia verdadera. 3. Creo
que esa historia ha terminado. 4. No pienso
que te haya engañado siempre. 5. No es
evidente que nunca me haya importado tu
amistad. 6. Estoy seguro de que al público le
ha gustado la decisión.

4 1. haya prohibido / prohíba 2. exista; prohíba
3. haya revisado 4. haya levantado 5. hayan
pensado; hayan decidido 6. elijan; sean;
defiendan

9.3 Prepositions 1

1 1. La actriz Camila Muñoz está mirando
a/hacia la derecha. 2. Carlos le explica el
argumento a Camila. 3. Marcelo es ayudante
y mira hacia la escena que están grabando.
4. La actriz principal es Nuria Zamora y se
puede ver con un pañuelo en la cabeza.
5. El periodista Marco Juárez toma fotos con
su cámara. 6. La cámara de Marco está
orientada hacia el techo. 7. Los actores
secundarios llegan a/hacia las 7:30. 8. Cuando
las actrices entran al estudio están a dos pasos
del director Carlos Mejía.

2 1. a 2. Ø 3. a 4. a 5. a 6. Ø 7. A 8. Ø

3 1. hacia 2. con 3. con 4. con 5. a/hacia;
a/hacia 6. hacia 7. con 8. A

4 Answers will vary.

9.4 Expressing choice and negation

1 1. d: Hoy grabamos o la primera escena o la última. 2. e: La película costó o dos o cinco millones de dólares. 3. h: O el casting lo realizó el ayudante o Mejía eligió a los actores.
4. a: O le gusta dar entrevistas o las odia.
5. f: La banda sonora fue compuesta por Plácido Cisneros o por Toñete.
6. c: O estrenarán la película en Barcelona o la estrenarán al mismo tiempo en Madrid y en América. 7. b: El público saldrá contento del estreno o saldrá enojado.

2 1. ni siquiera 2. o 3. o 4. ni 5. ni 6. O 7. o
8. ni siquiera 9. O 10. o 11. Ni 12. ni

3 Possible answers: 1. Ni me trajeron café, ni té. Ni siquiera me trajeron agua. 2. Ni pude estudiar el guión, ni pude vestirme bien.
3. O sean puntuales o avisen si llegan tarde.
4. O es la hora de irnos o yo ya estoy aburrida. 5. Ni quiero escuchar música, ni ver tantas luces. 6. O hablan con los admiradores para que se vayan del estudio o yo me iré.
7. Hoy me siento enferma. Ni puedo cantar, ni puedo hablar. Ni siquiera puedo moverme.
8. Este actor es muy molesto, o tiene hambre o tiene sueño.

4 Answers will vary.

LECTURA

Answers will vary.

COMPOSICIÓN

Answers will vary.

CONTEXTOS

1 1. a 2. f 3. d 4. h 5. i 6. g 7. c

2 1. Taller de literatura 2. Taller de pintura
3. Taller de literatura 4. Taller de teatro
5. Taller de literatura 6. Taller de teatro
7. Taller de pintura 8. Taller de pintura

3 1. conservador 2. exposición 3. retrato
4. subastas 5. reconocimiento
6. ornamentado 7. esbozo 8. nítida

4 1. estrofas; sentido figurado 2. manuscrito;
nota a pie de página 3. guión; obra de teatro;
desenlace

ESTRUCTURA

10.1 The future perfect and the conditional perfect

1 1. habré terminado 2. habrán llegado
3. habrán ordenado; habremos elegido
4. habremos hecho 5. habrá dicho 6. Habrá
ensayado

2 1. c; habría enojado 2. h; habrían querido
3. d; habría deseado 4. e; habría saltado 5. b;
habría preferido 6. f; habría dicho 7. g;
habría cantado 8. a; Habría gustado

3 Answers will vary.

4 Answers will vary.

10.2 The past perfect subjunctive

1 1. hubiera estado; hubiera elegido 2. hubieran
quedado 3. hubiéramos podido 4. hubieran
pintado 5. hubieran escuchado 6. hubieran
corregido 7. hubiera salido 8. hubieran
preparado

2 1. hayan pintado 2. hubieran tenido
3. hubieran sido 4. hubieran dado cuenta
5. haya presentado 6. haya decidido
7. hubieras pensado 8. haya quedado

3 Answers will vary.

4 Answers will vary.

10.3 Si clauses with compound tenses

1 1. d 2. a 3. g 4. b 5. h 6. c 7. e 8. f

2 1. se hubiera casado 2. habría comenzado
3. Habría comenzado 4. hubiera descubierto
5. hubiera querido 6. se habría enfermado
7. se habría enfermado 8. se hubiera cuidado
9. se hubiera enamorado 10. habría ayudado
11. habría sido 12. se hubiera muerto
13. se habría muerto 14. hubiera tenido

3 1. ¿Adónde habrías ido si la casa hubiera
estado en mal estado? 2. ¿Qué habrías hecho
si te hubieras quedado sin pinturas?
3. ¿Dónde habrías pintado si la casa hubiera
sido demasiado pequeña? 4. ¿Adónde habrías
ido si hubiera habido tormentas fuertes?
5. ¿A quién le habrías pedido ayuda si te
hubieras lastimado? 6. ¿Qué habrías hecho si
te hubiera atacado un animal salvaje?
7. ¿Qué habrías dicho si yo te hubiera
acompañado?

4 Answers will vary.

5 Answers will vary.

10.4 How to say *to become*

1 1. c 2. e 3. f 4. a 5. g 6. d 7. b

2 1. a 2. a 3. b 4. a 5. b

3 1. llegar a ser 2. volvió 3. volvía
4. hacerse 5. llegó a ser 6. ponía 7. ha hecho
8. ha llegado a ser 9. ha vuelto

LECTURA

1 Answers will vary.

3 Step A: 1. h 2. e 3. n; b 4. d 5. m 6. c; o
7. l; f 8. a 9. k 10. j 11. i; g

Step B: Answers will vary.

COMPOSICIÓN

Answers will vary.

CONTEXTS

1 1. d 2. a 3. c 4. Ø 5. b 6. e

2 1. las armas 2. la nave espacial 3. clonado
4. agujero negro 5. la luna llena 6. La
superficie

3 1. luna llena 2. especializado; formuló
3. nave espacial; superficie 4. prueba espacial
5. descubrimiento 6. armas

4 1. gravedad 2. gen 3. ética 4. ovni 5. capa
de ozono

5 1. c 2. a 3. e 4. d 5. b

ESTRUCTURA

11.1 Diminutives and augmentatives

1 Possible answers: 1. Inventitos 2. pequeñitos
3. Cerebritos 4. jovencitos 5. Fabriquita
6. Amiguitos 7. Cientifiquitos 8. vocecita

2 Possible answers: 1. Huevitos 2. documentitos
3. estrellitas 4. autito 5. Telefonitos
6. murcielaguitos 7. Lucecita 8. cerquita

3 Possible answers: 1. agujerote 2. palabrotas
3. camisón 4. barcote 5. grandote
6. cabezota 7. bocota 8. narizota

4 Possible answers: 1. Rompecabezotas
2. Librote de ideas geniales 3. El cohetón
4. Estrellota de ocho puntas 5. Palabras en la
tazota 6. Palitos chinos 7. Frasquito con
sorpresa 8. Pececito de agua dulce
9. La nuececita de Adán

5 Answers will vary.

11.2 Pedir/preguntar and conocer/saber

1 1. a 2. b 3. a 4. b 5. a 6. a

2 1. preguntó 2. pidió 3. pidió 4. preguntó
5. preguntó 6. preguntó

3 Answers will vary.

4 1. Conoce 2. Sabe 3. Conoce 4. Sabe
5. Sabe/Conoce 6. Sabe 7. Conoce 8. Sabe

5 1. conoce 2. sabe 3. Sabe 4. conoce 5. Sabe
6. Conoce 7. conoce 8. Sabe 9. sabe

10. conoce

6 Answers will vary.

11.3 Prepositions II: de, desde, en

1 1. h 2. d 3. e 4. c 5. f 6. b 7. g 8. a

2 1. en 2. Desde 3. de 4. en 5. de 6. en 7. de
8. en 9. en 10. de 11. en 12. en 13. de
14. de 15. desde 16. En 17. En 18. en

3 1. de nuevo 2. en vano 3. en broma 4. en
serio 5. de vacaciones 6. de cierta manera
7. de pie 8. en contra

4 Answers will vary.

LECTURA

Answers will vary.

COMPOSICIÓN

Answers will vary.

CONTEXTOS

1 1. monarca 2. caudillo 3. década
4. descubridor 5. armado 6. invadir
7. esclavitud 8. tribu

2 1. pueblo 2. liberar 3. territorio 4. inculto
5. porque 6. injusto 7. gobierno 8. huir

3 Answers will vary.

4 Answers will vary.

ESTRUCTURA

12.1 Prepositions III: entre, hasta, sin

1 1. Entre 2. sin 3. Hasta 4. Entre 5. Sin
6. Entre 7. entre 8. hasta

2 Answers will vary.

3 Answers will vary.

12.2 Summary of the indicative

1 1. han intentado 2. aparecieron; es
3. inventaron 4. son 5. leerán 6. trata; hace
7. buscaron; siguen 8. han servido; vivían

2 1. fue 2. intentaron 3. hicieron 4. eran
5. caían 6. destruyeron 7. fabricaron
8. parecían 9. podían 10. dejaron
11. construyeron 12. habían sido 13. podían

3 Answers will vary.

4 Answers will vary.

5 Answers will vary.

6 Answers will vary.

12.3 Summary of the subjunctive

1 1. es 2. amar 3. sientan 4. doy 5. sea
6. hagan 7. estudien 8. tengan

2 1. llegaran 2. estaban 3. poblaran 4. tuviera
5. vivía 6. expulsaran 7. residían 8. era
9. fuera; era

3 Answers will vary.

4 1. llegara 2. hubiera derrotado 3. hubieras
leído 4. recordemos 5. conozcan 6. sepamos
7. estudien 8. vaya

5 1. c 2. b 3. a 4. a

LECTURA

Answers will vary.

COMPOSICIÓN

Answers will vary.

CONTEXTOS

1 alta, antipática, irresponsable, moderna, simpática, sociable, tacaña, tradicional

2 1. a   2. c   3. a   4. b
5. c   6. a

3 Answers will vary. Possible summary: Antonio, un chico de 22 años, sospecha que su novia está coqueteando con Juan Carlos, su mejor amigo. Siente que no puede hablarle de este problema ni a su novia ni a Juan Carlos.

ESTRUCTURA

1.1 Nouns, articles, and adjectives

1 1. un 2. el 3. las 4. unas 5. la 6. la 7. el 8. del/un 9. una 10. el 11. la 12. los 13. la 14. una 15. las 16. las

2 ambicioso, dedicado, fundamental, ideal, internacional, profesional, sociable, talentosa, trabajador
Questions will vary.

1.2 Present tense of regular and irregular verbs

1 1. Cierto 2. Falso 3. Falso 4. Falso 5. Cierto 6. Falso

2 Answers will vary. Possible questions: ¿Dónde trabajas? ¿Con qué frecuencia invitas a tus amigos a casa? ¿Fumas? ¿Cuánto tiempo piensas vivir en el apartamento?

1.3 Stem-changing verbs

1 Andrea: activa, flexible
Yolanda: estudiosa, organizada

2 1. Andrea juega al fútbol. 2. Andrea cree que deben encontrarse en persona para hablar. 3. Almuerza en la cafetería. 4. La segunda candidata prefiere una compañera de apartamento seria y responsable. 5. Answers will vary. Possible answers: Creo que Marta prefiere compartir el apartamento con Yolanda/Andrea.

3 1. Están leyendo el periódico de la universidad. 2. Marta lee el periódico para seguir los resultados de su equipo favorito y para saber qué actividades puede hacer los fines de semana. 3. Incluye información sobre actos culturales y esas cosas. 4. Yolanda quiere ver una obra de teatro. 5. Raúl, un amigo de Marta, puede conseguir boletos baratos. 6. No quiere influir en la decisión de Marta. 7. Marta va a elegir a dónde van. 8. Se llevan muy bien./Parece que van a ser excelentes compañeras de apartamento.

1.4 Ser and estar

1 1. cierto 2. falso 3. falso 4. falso 5. cierto 6. falso

2 1. Soy 2. estoy 3. estamos 4. son, estoy 5. estar 6. está 7. es 8. somos

3 1. ser; Es 2. estar; Está 3. estar; Está 4. ser; Son 5. ser; Son 6. estar; Están 7. ser; Es 8. estar; Está

CONTEXTOS

1 **Alicia:** Ir a un concierto de rock, ir a bailar
Manolo: Ver una película, salir a comer
Pilar: Jugar al tenis en un torneo, ir a bailar, salir a comer

2 1. Alicia está en el tercer año de la carrera de medicina. 2. Alicia está emocionada porque va a ver a Bono en persona. 3. Manolo va a llevar a su novia a comer al restaurante más caro y bonito de la ciudad. 4. La novia de Manolo está enojada porque Manolo olvidó su aniversario. 5. Pilar Ramos estudia educación física. 6. Pilar va a bailar todos los sábados por la noche.

3 1. Falso 2. Falso 3. Falso 4. Cierto 5. Falso 6. Falso

ESTRUCTURA

2.1 Progressive forms

1 Answers will vary. Possible answers: 1. ...está tratando de abrir la ventana. 2. ...está mirando por la ventana. 3. ...está viendo a Susana. 4. ...está caminando hacia el apartamento. 5. ...está mintiendo. 6. ...está saludando a Susana. 7. ...está hablando con Susana. 8. ...siempre estaba coqueteando con Susana.

2 Answers will vary.

3 Answers will vary.

2.2 Object pronouns

1 1. Se lo van a dar Juan y Luis. 2. Se lo va a regalar Pilar. 3. Se las va a dar Jorge. 4. Se los va a regalar su hermana. 5. Se los va a regalar su prima. 6. Se la compra el vecino del primer piso.

2 1. Me lo da Juan y Luis. 2. Me lo va a regalar Pilar. 3. Me las va a dar Jorge. 4. Me los va a regalar mi hermana. 5. Me los va a regalar mi prima. 6. Me la compra el vecino del primer piso.

3 Answers will vary.

2.3 Reflexive verbs

1 1. Cierto 2. Falso 3. Cierto 4. Falso 5. Falso

2 1. a   2. e   3. f   4. b
5. d   6. c

3 Answers will vary.

2.4 Gustar and similar verbs

1 Answers will vary. Possible answers: 1. A Roberto le aburren las fiestas de cumpleaños.
2. Según Rosa, de lo que Roberto se tiene que preocupar es de comprar un boleto para el concierto. 3. A Roberto, Alicia le cae muy bien. 4. A Roberto no le gustan los conciertos. 5. A Roberto no le gustan los conciertos porque le molestan los sitios donde hay mucha gente.

2 4 Shaquille O'Neal 3 Christina Aguilera
1 Hillary Clinton 6 Penélope Cruz
5 Tiger Woods 2 Mick Jagger

3 Answers will vary.

CONTEXTOS

1 6, 1, 5, 7, 8, 2, 3, 4, 9
2 Answers will vary.
3 1.c 2.a 3.a 4.b 5.b

ESTRUCTURA

3.1 The preterite tense

1 **Mateo:** Separar los ingredientes para la comida
Paco: Poner la comida en el refrigerador, traer productos de limpieza
José Luis: Ir al supermercado, hervir las papas y los huevos

2 Answers will vary. Possible answers: 1. Mateo llamó a sus amigos esta mañana. 2. Amparo conoció a los amigos de Mateo en su última fiesta. 3. Llegaron tarde a la fiesta por el tráfico. 4. Mateo quiere explicarle a Amparo lo que hicieron. 5. Cuando Paco llegó se puso a limpiar la cocina.

3 Answers will vary.

3.2 The imperfect tense

1 Answers will vary. Possible answers:
1. Cuando Mateo era soltero salía todas las noches. 2. Nunca limpiaba su apartamento. 3. Siempre pagaba todo con tarjetas de crédito. 4. No, tenía muchas deudas. 5. Lo pasaba fatal porque era muy tímido.

2 **Antes:** Era agresiva, le gritaba a su esposo, era bastante impaciente, se preocupaba por los detalles más pequeños, se levantaba temprano los fines de semana, era un poco antipática
Ahora: Es diferente, le habla con mucha calma, se toma las cosas con tranquilidad, sólo se preocupa por las cosas que son realmente importantes, se queda en la cama hasta las diez o las once, es la persona más simpática que conoce

3 Answers will vary.

3.3 The preterite and the imperfect

1 1. Cierto 2. Falso 3. Cierto 4. Cierto 5. Cierto 6. Falso 7. Cierto 8. Falso
2 Answers will vary.
3 Answers will vary.
4 Answers will vary.

3.4 Adverbs

1 1.a 2.b 3.b 4.c 5.b 6.c
2 Answers will vary.
3 Answers will vary.

CONTEXTOS

1 1. ...profesionales tan ocupados y estresados como usted 2. tres 3. el Caribe 4. Carolina del Norte 5. 99 dólares por persona 6. dos 7. 21; 22 8. servicio de habitación

2 Answers will vary.

3 Answers will vary.

ESTRUCTURA

4.1 Past participles and the present and past perfect tenses

1 1. b   2. b   3. a   4. a
       5. b   6. b   7. a   8. b

2 Answers will vary.

3 Answers will vary. Posible answers: 1. No, yo no había empezado la escuela primaria.
2. No, yo no había estudiado ninguna lengua extranjera. 3. Sí, yo ya había aprendido a manejar un carro. 4. No, yo no había escrito un mensaje electrónico. 5. Sí, yo ya había conocido a mi mejor amigo/a. 6. Sí, yo ya había decidido qué especialidad quería estudiar.

4.2 Por and para

1 1. b   2. b   3. a   4. a
       5. a   6. a   7. b   8. a   9. b

2 Answers will vary.

3 1. b   2. f   3. c   4. d
       5. e   6. a

4.3 Comparatives and superlatives

1 1. Cierto 2. Cierto 3. Falso 4. Cierto 5. Cierto 6. Falso

2 Answers will vary.

3 Answers will vary. Posible answers:
Casa uno: 2 pisos, 3 ventanas pequeñas, jardín con muchos árboles, coche elegantísimo estacionado a la derecha
Casa dos: 3 pisos, 2 ventanas enormes, jardín con pocos árboles, muchísimas flores cerca de la puerta, 1 perro simpático, 2 gatos lindísimos en el tejado

4.4 Present subjunctive

1 1. hable inglés 2. pase nada 3. llames a mamá una vez por semana 4. que olvides: lo más importante de este viaje es que disfrutes 5. que te guste tanto como me gustó a mí

2 1. No, Steve no cree que es posible que todos los argentinos hablen inglés. 2. Cuando camine sola por lugares que no conozca. 3. Porque ella se preocupa. 4. Que no se lo gaste todo la primera semana. 5. Que disfrute. 6. De que no puede acompañar a Sue en su viaje.

3 Answers will vary.

CONTEXTOS

1 1. b   2. f   3. g   4. e   5. j
6. d   7. i   8. a   9. c   10. h

2 tos continua   ansiedad   depresión

3 Answers will vary.

ESTRUCTURA

5.1 The subjunctive in noun clauses

1 a. papá b. abuela c. Carmen d. Jorge
e. Luis f. mamá g. abuelo

2 Answers will vary.

3 Answers will vary.

5.2 The subjunctive in adjective clauses

1 1. a alguien que pueda ayudarme 2. un médico que sea especialista 3. un consultorio que esté cerca de mi trabajo 4. ningún médico que me guste 5. está cerrado por las noches 6. que esté abierto hasta las ocho

2 1. Cierto 2. Cierto 3. Falso 4. Falso
5. Cierto 6. Falso 7. Cierto 8. Falso

3 Answers will vary.

5.3 The subjunctive in adverbial clauses

1 Answers will vary.

2 1. b   2. c   3. e   4. a
5. d   6. f

3 Answers will vary.

5.4 Commands

1 1. Lógico 2. Ilógico 3. Lógico 4. Lógico
5. Ilógico 6. Ilógico 7. Lógico 8. Ilógico
9. Lógico 10. Ilógico

2 1. Ha decidido asignarle nuevas responsabilidades a César. 2. Tiene que comprar comida para todos sus compañeros. 3. César debe pagar la comida de todos los compañeros. 4. El doctor Arenas pide que cargue (todos) los paquetes en el camión del hospital. 5. El doctor Arenas sugiere que César descanse durante dos o tres minutos. 6. Que se divierta mucho.

3 Answers will vary. Sample answers:
1. Quiero que pongan las aspirinas en el cuarto de la derecha. 2. Necesito que le tomen la tensión al paciente de la 204 cada seis horas. 3. Quiero que descansen sólo cuando haya otras personas ocupándose de sus pacientes. 4. Necesito que me llamen si alguno de mis pacientes tiene fiebre. 5. No quiero que se lastimen al llevar los materiales para el consultorio. 6. Necesito que miren la herida de la niña en la habitación 316, está un poco inflamada. 7. No quiero que se contagien del resfriado de María. 8. Necesito que estén tranquilos ante cualquier problema.

Answers to Laboratory Activities

CONTEXTOS

1 tormentas, huracán, relámpagos, truenos, río, inundaciones, costas

2 Answers will vary.

3 1. Su objetivo es buscar alternativas a la energía eléctrica y educar al público.
2. Está dedicado a los amantes del mar.
3. Los visitarán para explicarles los peligros de verter materiales tóxicos en el agua. 4. Deben llevar consigo su identificación. 5. Un grupo de vegetarianos dirige el programa. 6. Todos tenemos el deber de cuidar la Tierra.

ESTRUCTURA

6.1 The future tense

1 Answers will vary.

2 Answers will vary.

3 Answers will vary.

6.2 The conditional

1 1. b   2. a   3. b   4. a
5. b   6. a   7. b   8. a

2 Answers will vary.

3 Answers will vary.

6.3 The past subjunctive

1 1. a   2. a   3. a   4. b
5. b   6. b   7. a   8. b

2 1. Raúl esperaba que entregaran las plantas el sábado a las nueve. 2. Raúl le pidió a Jerry que llegara al club antes de las ocho. 3. Raúl le sugirió a Jerry que comprara unos cafés y unos dulces. 4. Raúl le pidió a Jerry que preparara las fotocopias para esa tarde.
5. Jerry le pidió a Raúl que no coqueteara con Rosa. 6. Answer will vary. Possible answer: Jerry le recordó a Raúl que él no había cumplido sus promesas, para que supiera cómo se sentía él.

6.4 Si clauses with simple tenses

1 Answers will vary.

2 Answers will vary.

3 Answers will vary.

CONTEXTOS

1   1. a   2. b   3. a   4. a   5. a
6. b   7. a   8. b   9. b   10. b

2   8, 4, 2, 1, 7, 6, 5, 3

3   Answers will vary.

ESTRUCTURA

7.1 The neuter article lo

1   1. Cierto 2. Falso 3. Cierto 4. Cierto
5. Cierto 6. Falso

2   Answers will vary.

7.2 Possessives adjectives and pronouns

1   1. Tu hermana te va a prestar la suya.
2. Roberto te va a regalar la suya. 3. Juan y
María te van a dar el suyo. 4. Tu padre te va
a ofrecer los suyos. 5. Susana te va a regalar
la suya. 6. Yo te voy a dar la mía. 7. Tu
mamá te va a ofrecer la suya. 8. Nosotros te
vamos a prestar el nuestro.

2   Answers will vary.

7.3 Relative pronouns

1   1. b   2. a   3. a   4. b   5. b   6. a

2   Answers will vary depending on the details
students focus on.

7.4 Transitional expressions

1   1. c   2. c   3. a   4. a   5. b   6. a

2   Answers will vary.

Answers to Laboratory Activities

CONTEXTOS

1 discriminación, senador, luchar, rechazar, líder, inscribirse, aprobar

2 1. Ramón Pastor es senador. 2. Ramón Pastor presentó un (el) proyecto de ley contra la discriminación. 3. Quiere organizar una campaña para luchar por la igualdad de derechos de los trabajadores. 4. Cree que el Congreso no puede rechazarlo porque es un tema de mucha importancia para todos. 5. Cree que la ley se va a aprobar antes de que termine el año.

3 1. Rosa Martínez quiere conseguir la igualdad y la tolerancia en todos los aspectos de nuestra educación. 2. Quiere conseguirlo con el diálogo./ Quiere conseguirlo dialogando. 3. Eusebio Roma quiere luchar contra la discriminación racial. 4. Eusebio Roma cree que debe colaborar con el gobierno estudiantil y la administración. 5. No le va a permitir que les nieguen la libertad de tomar sus propias decisiones. 6. Las elecciones van a ser el martes por la mañana.

ESTRUCTURA

8.1 The passive voice

1 1. recibido 2. elegido 3. escuchado 4. criticados 5. abiertas

2 1. Los discursos fueron pronunciados por los candidatos. 2. La candidatura de Rosa Martínez fue apoyada por el presidente de la universidad. 3. La protesta contra la discriminación racial fue organizada por Eusebio Roma. 4. Los panfletos sobre la tolerancia fueron preparados por Rosa Martínez. 5. Los senadores fueron recibidos por los estudiantes en el aeropuerto. 6. La fecha para las elecciones fue elegida por la presidenta de la universidad.

8.2 Constructions with se

1 1. Cierto 2. Falso 3. Falso 4. Cierto 5. Cierto 6. Falso 7. Cierto 8. Cierto

2 Answers will vary.

8.3 Past participles as adjectives

1 1. b   2. a   3. b   4. b 5. a   6. b

2 Answers will vary.

8.4 Pero, sino, sino que, no sólo... sino, tampoco

1 Answers will vary.

CONTEXTOS

1 1, 10, 6, 3, 8, 2, 5, 4, 9, 7

2 **Lunes:** episodio final de *Tigres,* chismes de sociedad.
Miércoles: crónicas deportivas, reportaje sobre las vidas de los grandes jugadores del fútbol mundial.
Viernes: documental sobre cultura popular, la revista semanal *7 Días.*
Domingo: largometraje *Un día cualquiera*

ESTRUCTURA

9.1 Infinitives

1 1. Cierto 2. Cierto 3. Falso 4. Falso 5. Cierto 6. Falso 7. Falso 8. Falso 9. Falso 10. Cierto

2 Answers will vary.

9.2 Present perfect subjunctive

1 Answers will vary.

2 Answers will vary. Possible answers: 1. No pienso que seas muy mayor para el papel. 2. No creo que el público se haya olvidado de ti. 3. No estoy seguro de que los críticos se hayan olvidado de ti. 4. No es verdad que hayas hecho muy malas películas. 5. No creo que el director no te haya invitado a su fiesta. 6. No creo que a los espectadores no les haya gustado tu última película.

3 Answers will vary.

9.3 Prepositions 1

1 1. b   2. a   3. b   4. b   5. a

2 Answers will vary.

9.4 Expressing choice and negation

1 Answers will vary.

CONTEXTOS

1 1. Falso 2. Falso 3. Cierto 4. Falso 5. Falso

2 Answers will vary. Possible answers: 1. El título de la novela es *Una noche fría y oscura*. 2. Sí, creen que tendrá éxito. 3. El estudio cinematográfico quiere hacer una película de la novela. 4. El estilo del escritor es claro y directo. 5. La novela narra la historia de un individuo perdido en el día a día de su vida, un individuo con el que todos tenemos algo en común. 6. El locutor opina que esta novela tiene que ser leída.

3 1. b   2. a   3. a   4. a   5. b

ESTRUCTURA

10.1 The future perfect and the conditional perfect

1 1. ... el mes de octubre. 2. ...6 de septiembre. 3. ...enero o febrero. 4. ...antes de la Navidad. 5. ...artistas contemporáneos. 6. ...en noviembre.

2 Answers will vary.

3 Answers will vary.

10.2 The past perfect subjunctive

1 1. A Emilio le molestó que hubiera habido tantos problemas con las bebidas. 2. A los Sres. Ramírez no les pareció bien que se hubiera dedicado tanto espacio a las esculturas. 3. A la recepcionista le molestó que no hubiéramos encontrado a otro ayudante. 4. Los artistas tenían miedo de que sus obras no se hubieran asegurado contra posibles robos. 5. Al representante del servicio de comida no le gustó que hubieran llegado tantos invitados antes de la hora prevista. 6. A mí no me gustó que hubiera venido tanta gente con ganas de quejarse por todo. 7. El caricaturista pensaba que era una lástima que no se hubiera aprovechado mejor el espacio. 8. La modelo tenía miedo de que los invitados hubieran sacado fotos suyas sin su permiso.

2 Answers will vary.

10.3 Si clauses with compound tenses

1 1. a   2. b   3. a   4. b
5. a   6. a

2 Answers will vary.

3 Answers will vary.

10.4 How to say *to become*

1 1. c   2. a   3. a   4. b
5. a   6. a

2 Answers will vary

CONTEXTOS

1 a. 2   b. 9   c. 3   d. 5   e. 8
   f. 10   g. 7   h. 6   i. 1   j. 4

2 Answers will vary.

3 Answers will vary.

ESTRUCTURA

11.1 Diminutives and augmentatives

1 1. Cierto   2. Falso   3. Falso   4. Cierto
5. Cierto   6. Cierto

2 Answers will vary. Possible answers: 1. Pues yo quiero que el bebé sea muy grandote cuando nazca. 2. Pues yo prefiero que el bebé tenga unos pies grandísimos. 3. Pues para mí es importante que el bebé sea altote. 4. Pues yo prefiero que tenga una cabezota enorme. 5. Para mí es importante que tenga una narizota grande y fea.

11.2 Pedir/preguntar and conocer/saber

1 Answers will vary.

11.3 Prepositions II: de, desde, en

1 Answers will vary.

2 1. a   2. a   3. b   4. b
5. a   6. a

3 Answers will vary.

Answers to Laboratory Activities

CONTEXTOS

1 1. a 2. b 3. b 4. a
5. a 6. b

2 1. Cierto 2. Falso 3. Cierto 4. Falso
5. Cierto 6. Falso 7. Cierto 8. Cierto

3 Answers will vary.

ESTRUCTURA

12.1 Prepositions III: entre, hasta, sin

1 Answers will vary. Possible answers: 1. Marcos está confundido entre la clase de historia latinoamericana y la clase de historia española. 2. España y Portugal se repartieron el continente americano. 3. No le parece bien porque no se tuvo en cuenta a las personas que ya vivían allí. 4. Según Roberta, entre unos y otros consiguieron destrozar todo lo que habían logrado los indígenas en Latinoamérica. 5. Roberta piensa que siempre va a haber países que opriman a otros países más débiles. 6. Roberta aprendió que los libros de historia sólo cuentan una parte de la historia.

2 Answers will vary.

3 Answers will vary.

12.2 Summary of the indicative

1 1. Comenzó la Segunda Guerra Mundial. 2. El ser humano llegará por primera vez al planeta Plutón. 3. Se suprimió la esclavitud en Estados Unidos. 4. Estados Unidos, Irak y Cuba se convertirán en aliados para promover la paz mundial. 5. Francisco Franco murió y se terminó la dictadura en España. 6. Todos los habitantes del planeta disfrutarán de los mismos derechos.

2 Answers will vary.

12.3 Summary of the subjunctive

1 1. b 2. a 3. c 4. a
5. b 6. a

2 Answers will vary.

3 Answers will vary.

LECCIÓN 1

1 Answers will vary.

2 1. está; baño; está; reunido 2. tiene; Viene
3. quieres; supermodelo 4. cuidadoso;
formalidad 5. ansiosa; vengo 6. chica; tienes

3 1. Johnny 2. Diana 3. Fabiola 4. Éric

4 Answers will vary. Possible answers: 1. Diana
les da a sus compañeros copias del manual de
conducta profesional. 2. Aguayo les explica a
sus empleados cómo contestar el teléfono.
3. Mariela ordena una pizza porque no sabe
llegar a la oficina. 4. Mariela viene de una
familia grande: nueve hijos. 5. Al final,
Fabiola y Éric hablan de Mariela.

5 Answers will vary.

6 Answers will vary.

LECCIÓN 2

1 Answers will vary.

2 1. Éric 2. Johnny 3. Johnny 4. Johnny
5. Johnny 6. Éric 7. Éric. 8. ni Johnny ni
Éric 9. Johnny 10. Johnny 12. Éric
13. Johnny 14. Éric 15. Éric

3 1. contar 2. chiste 3. ocupada 4. chistes
5. tengo 6. mujer 7. mujeres 8. Conoces
9. cuando 10. chiste 11. mí 12. chiste
13. pensar 14. reír 15. persona 16. tienes
17. mujer 18. truco

4 **Suggested answers:** 1. Porque es fin de semana.
2. Porque no tiene novia. 3. Porque tiene
boletos para un concierto de rock. 4. Porque
Éric le dice que contar chistes es un truco para
conquistar mujeres.

5 1. Tranquilas chicas de México, Johnny está en
la casa. 2. ¡Anímate! Es fin de semana.
3. Necesitas divertirte. 4. Tienes que contarles
chistes. 5. Distorsión. Aquí tengo el disco
compacto. ¿Lo quieren oír? 6. Tiene suerte de
que soy un caballero. 7. ¿Alguien quiere café?
8. ¿Lo hiciste tú o sólo lo estás sirviendo?

6 Answers will vary.

LECCIÓN 3

1 Answers will vary.

2 1. Cierto 2. Falso 3. Cierto 4. Falso 5. Falso
6. Falso

3 1. limpieza; enfermo 2. aspiradora; almuerzo
3. traje; esfuerzo 4. llegué; ayudarte

4 **Suggested answers:** 1. tiene una agenda muy
llena para el almuerzo. 2. tiene una reunión
con un cliente. 3. tiene que ir al banco a pedir
un préstamo. 4. necesita una limpieza de
dientes y tiene que ir al dentista.

5 **Tareas reales:** lavan los platos de la cocina,
pasan la aspiradora, quitan el polvo de los
muebles, tiran el polvo de la aspiradora
Tareas imaginarias: Answers will vary.
Suggested answers: limpian las computadoras,
barren el piso, sacan la basura; etc.
Mariela pone el polvo de la aspiradora en el
escritorio de Éric, debajo de unas revistas.

6 Answers will vary.

LECCIÓN 4

1 Answers will vary.

2 1. d. 2. c. 3. a. 4. f.
5. b. 6. e.

3 8., 10., 11., 13., 14., 15., 19.

4 1. Diana 2. Aguayo 3. Éric 4. Mariela
5. Aguayo

5 **Suggested answers:** 1. los boletos para
Venezuela, la guía de la selva amazónica y los
pasaportes 2. el pasaporte de Fabiola
3. porque dice que está con cara de enojo
4. la puerta por la que tienen que salir, la hora
a la que los va a recoger el autobús del hotel y
lo que van a tener que pagar por llegar en taxi
al hotel si pierden el autobús 5. Cocodrilo
Éric, el fotógrafo más valiente de la selva
6. porque deben hacer un reportaje sobre
ecoturismo 7. Johnny les dice que es
importante que no traten de mostrarse
ingeniosos ni cultos; que simplemente sean
ellos mismos

6 Answers will vary.

7 Answers will vary.

LECCIÓN 5

1 Answers will vary.

2 1. llegas 2. hagas 3. Creemos 4. originales
5. que 6. buenos 7. crees 8. voz 9. dijo
10. Perdiste 11. creí 12. sorda 13. enferma
14. casa 15. podías 16. venías

3 a. 2   b. 4   c. 1   d. 5   e. 3

4 1. Madrugué para ir al gimnasio. 2. A veces
me dan ganas de hacer ejercicio, y entonces me
acuesto y descanso hasta que se me pasa.
3. Yo, por ejemplo, no hago ejercicio, pero
trato de comer cosas sanas. 4. Comida bien
nutritiva y baja en calorías. Juré que jamás
volvería a ver un dulce. 5. Si no puedes
hacerlo bien, disfruta haciéndolo mal. Soy feliz.

5 Answers will vary.

6 Answers will vary.

LECCIÓN 6

1 Answers will vary.

2 1. Falso 2. Falso 3. Cierto 4. Falso 5. Falso
6. Cierto 7. Falso 8. Falso

3 1. cuidando 2. triste 3. padre 4. hormigas
5. damos 6. dado 7. postre

4 1. b.   2. b.   3. a.   4. b.   5. c.

5 **Suggested answers:** 1. sólo una vez al día
2. galletitas de animales 3. Porque ella cree
que Bambi necesita compañía. 4. Mariela
decora la pecera de Bambi con la foto de una
isla tropical, porque cree que Bambi está triste
y quiere que esté contento. 5. Éric está celoso
de Bambi porque el pez está en una isla
tropical rodeado de tres mujeres.

6 Answers will vary.

7 Answers will vary.

LECCIÓN 7

1 Answers will vary.

2 1. ingeniero; millonario 2. pensé; enamorado
3. estuvieras; llegas 4. entra 5. trabajo;
entraba; llegué

3 1. Diana 2. Fabiola 3. Diana 4. Fabiola
5. Éric

4 1. b.   2. e.   3. d.   4. c.   5. a.

5 1. La revista *Facetas* celebra su segundo
aniversario. 2. Porque el apellido de Fabiola
es Ledesma y Eric pensó que sería la hija del
banquero y empresario millonario Ledesma
3. Johnny entraba a las cuatro de la mañana a
su antiguo trabajo. 4. Mariela apostó con Éric
que les darían la tarde libre. Éric gana la
apuesta. 5. Porque dice que está en crisis
económica. 6. Fabiola cree que merece un
aumento de sueldo porque tiene un gran
currículum, es muy productiva en lo suyo y sus
artículos son muy bien acogidos. 7. la del
teléfono, la del agua y la de la luz

6 Answers will vary.

7 Answers will vary.

LECCIÓN 8

1 Answers will vary.

2 **A.** 1. Aguayo; diputada 2. Diana; cuarentona 3. Diana; equivocado
4. Johnny; Tómenlo 5. Eric; políticos; llame
B. 1. Diana; darle 2. Fabiola; escrita
3. Diana; derechos humanos; libertad
4. Eric; corrupción; publicitario 5. Johnny; confundirme
C. 1. Periodista; cumplir; liderazgo
2. Diputada; enterarán; político 3. Diputada; Favoritismo; únicos; respeto 4. Mariela; siento; encontré; cuarentona 5. Mariela; encuentro; guapa

3 **Suggested answers:** 1. Tere Zamora es una diputada famosa por su lucha contra la corrupción. 2. Tere Zamora llega a la redacción de *Facetas* para una entrevista en exclusiva sobre su futuro político.
3. El equipo de *Facetas* le entrega a la diputada un plato decorado con el calendario azteca. 4. El plato tiene una dedicatoria en la parte de atrás escrita por la artista gráfica de *Facetas*. 5. En la dedicatoria se lee: "Por su aportación a la democracia, los derechos humanos, la justicia y la libertad."
6. Se enterarán de todos los detalles de mi futuro político en la próxima edición de la revista *Facetas*.

4 1. d. 2. f. 3. a. 4. g. 5. b.
6. e. 7. j. 8. h 9. c. 10. i.

5 Answers will vary.

LECCIÓN 9

1 Answers will vary.

2 1. Fabiola 2. Mariela 3. Fabiola 4. Aguayo
5. Fabiola 6. Éric 7. Fabiola 8. Johnny

3 1. c. 2. a. 3. d. 4. b.

4 1. e. 2. a. 3. c. 4. d.
5. f. 6. b.

5 **Suggested answers:** 1. Porque a Aguayo le encantan las telenovelas, pero le da vergüenza admitirlo. 2. Answers will vary. 3. Porque no sabe que lo que está pasando es ficción. Diana cree que lo que Johnny le está diciendo a Fabiola y a Mariela, "Ni la amo a ella, ni te amo a ti. Las amo a las dos.", es verdad, y por eso se le caen los paquetes, por la sorpresa de la noticia.

6 Answers will vary.

7 Answers will vary.

LECCIÓN 10

1 Answers will vary.

2 1. visto 2. exposición 3. preferido 4. pinturas
5. artístico 6. primitivas 7. hubiera
8. primitivas 9. ya 10. dice

3 1. Mariela 2. Éric 3. Fabiola 4. Johnny
5. Mariela

4 **Suggested answers:** 1. Johnny lleva a la oficina unas pinturas para escribir un artículo sobre ellas. 2. Mariela, Éric y Johnny fingen que están observando las pinturas en una galería.
3. Éric dice que en las galerías suele haber bebidas para el público. 4. Diana cree que las pinturas de Johnny son horribles. 5. Fabiola sólo quiere comprar una de las tres pinturas de Johnny. 6. Johnny imagina que está dirigiendo una subasta de arte en la oficina. 7. Fabiola cree que la Mona Lisa debería sonreír un poco. 8. Mariela prefiere pagar la apuesta en vez de invitar a Éric a cenar.

5 Answers will vary.

6 Answers will vary.

LECCIÓN 11

1 Answers will vary.

2 1. no 2. sí 3. sí 4. sí 5. sí 6. sí 7. no
8. sí 9. sí 10. sí 11. sí 12. sí 13. no
14. no 15. no

3 1. Cierto 2. Falso 3. Falso 4. Cierto
5. Cierto

4 1. Johnny; transbordador; pantallas
2. Aguayo; vamos 3. Éric; pegar; ponerle
4. Aguayo; seguro; sabes 5. Mariela; va; va

5 **Suggested answers:** 1. Johnny se siente muy
emocionado, porque la pantalla que están
recibiendo es el último grito *(state-of-the-art)*
en tecnología. 2. Tiene imagen digital, sonido
de alta definición, control remoto universal y
capacidad para conexión de satélite e Internet
desde el momento de la instalación. 3. Johnny
se desmaya de la emoción. 4. Según Mariela,
la causa del desmayo de Johnny es "una
pequeñísima sobredosis de euforia". 5. Éric le
da un pote de sal a Aguayo para que intente
reanimar a Johnny haciéndole oler la sal.
6. Diana reanima a Johnny poniéndole un
poco de sal en la boca. 7. Johnny se ofrece de
voluntario para instalar la pantalla con la
ayuda de Fabiola. 8. Se va la luz. 9. Aguayo
usa el celular que le presta Johnny, porque el
teléfono no funciona. 10. Answers will vary.

6 Answers will vary.

7 Answers will vary.

LECCIÓN 12

1 Answers will vary.

2 1. Mariela; vestido 2. Diana; comienza; siete
3. Johnny; practicar 4. Aguayo; qué
5. Johnny; subir; saludar

3 1. serie de fotos 2. diseño de revista
3. artículo 4. no ha sido nominado

4 1) zapatos 2) llevar 3) andar 4) eso 5) quién
6) ir 7) loco 8) boletos 9) arruinaría
10) solo

5 **Suggested answers:** 1. Porque aunque sabe que
la ceremonia no comienza hasta las siete de la
noche, él dice que necesita practicar cómo
ponerse de pie, subir las escaleras, sentarse,
saludar y todo eso. 2. Porque dice que si va
acompañado tendría que gastar demasiado
dinero. 3. En primer lugar, porque Mariela ya
tiene boletos y Éric no tendría que gastar
dinero. En segundo lugar, Johnny cree que es
una buena ocasión porque Mariela va a ver a
Johnny vestido de traje. Además, Mariela está
de buen humor. Y por último, Johnny cree que
Mariela estaba mirando a Éric de una manera
diferente.

6 **Suggested answers:** 1. Historia y civilización en
América Latina 2. porque no presentó ningún
trabajo 3. son demasiado altos 4. se pruebe
los zapatos antes de ponérselos 5. una
herradura de la suerte

7 Answers will vary.